Naiem Ahmadinejadfarsangi

Un amoureux comme Haj MashaAllah Khodadadpour

Naiem Ahmadinejadfarsangi

Un amoureux comme Haj MashaAllah Khodadadpour

Diplôme d'honneur du festival de Bari

Éditions Muse

Imprint

Any brand names and product names mentioned in this book are subject to trademark, brand or patent protection and are trademarks or registered trademarks of their respective holders. The use of brand names, product names, common names, trade names, product descriptions etc. even without a particular marking in this work is in no way to be construed to mean that such names may be regarded as unrestricted in respect of trademark and brand protection legislation and could thus be used by anyone.

Cover image: www.ingimage.com

Publisher:
Éditions Muse
is a trademark of
Dodo Books Indian Ocean Ltd. and OmniScriptum S.R.L publishing group

120 High Road, East Finchley, London, N2 9ED, United Kingdom
Str. Armeneasca 28/1, office 1, Chisinau MD-2012, Republic of Moldova, Europe
Printed at: see last page
ISBN: 978-620-4-96945-9

Un amoureux comme Haj MashaAllah Khodadadpour

Naiem ahmadinejadfarsangi

Table of Contents

Azraël et l'homme lâche

Un jour, un homme pieux se promenait sur le marché de la ville pendant la prophétie de Salomon lorsqu'il aperçut soudain Azraël. Il l'a reconnu et à cause de cela il a eu très peur. Parce que le visage d'Azraël était très colérique et sérieux.

Cet homme s'est rapidement rendu chez Hazrat Salomon et lui a demandé d'utiliser son pouvoir pour l'envoyer dans un pays lointain.

Hazrat Suleiman a dit : Quelle est la raison de votre demande?

L'homme dit : Ô Prophète, j'ai très peur de quelque chose et je veux que tu m'envoies quelque part au loin pour que mon esprit soit apaisé.

Azrael m'a regardé avec colère aujourd'hui. En conséquence, j'étais terrifié et maintenant j'ai cherché refuge en ta présence. Je vous demande de commander au vent de m'éloigner de cette ville vers un endroit lointain en Inde afin que je puisse être libéré des griffes d'Azraël.

Hazrat Suleiman a accepté et a ordonné au vent d'emmener cet homme vers le pays de l'Inde, qui était très loin.

Le vent a emporté l'homme sur le marché indien. L'homme était soulagé. Il n'avait pas fait quelques pas lorsqu'il revit Azrael. Mais cette fois avec un visage souriant. Il fut surpris et s'avança et dit : Je te connais. Vous êtes Azraeli. Mais cette fois, contrairement à la dernière fois, vous souriez. Puis-je demander pourquoi?

Azraël a dit : J'ai été très surpris par l'œuvre de Dieu ce jour-là. Parce que dans la lettre qu'il m'a donnée, il était écrit qu'il fallait vous suicider, mais en Inde.

J'ai été surpris et j'ai dit à Dieu : Dieu, comment puis-je prendre la vie de cet homme ? Et maintenant que je vous ai vu ici, j'ai ri de l'œuvre et de la sagesse de Dieu. Maintenant, je suis venu pour suivre le commandement de Dieu.

roi des oiseaux

Un aigle mourait de faim et rendait son dernier souffle. Un corbeau et un vautour étaient également occupés à manger la carcasse pourrie d'un cerf. Un vieux hibou sage les regardait au sommet d'une branche d'arbre.

Le corbeau et le vautour se tournèrent vers le hibou et lui dirent : "Vois-tu ce stupide aigle mourir à cause de son stupide orgueil ?" S'il vient manger avec nous, il sera sauvé. Dites-vous encore que l'aigle est le roi des oiseaux ?

La chouette s'adressa à eux et leur dit : L'aigle n'est ni comme un vautour charognard ni comme un corbeau voleur, ce sont des aigles et mourront de faim. Mais ils ne perdront jamais leur originalité.

Page 14

Barbara avait 19 ans et Michael 21 ans lorsqu'ils sont tombés amoureux et se sont mariés. Ces deux jeunes amants avaient de nombreuses caractéristiques communes ; Premièrement, tous deux étaient des romantiques et des fans de l'amour platonique, et leur prochain point commun était que chaque couple aimait lire des magazines familiaux.

Le jour où ils devaient se retrouver devant le cinéma à cinq heures de l'après-midi et aller louer la salle des mariages, ils avaient tous deux acheté le dernier numéro du magazine romantique et lu toutes ses pages, y compris la note de bas de page. 14 qui disait : Pour comprendre ton fiancé A quel point t'aime-t-il, ne va pas à un rendez-vous sans lui dire, s'il ne vient pas vers toi, c'est qu'il ne t'aime pas...

Barbara et Michael ne se sont jamais revus ; Hélas, aucun d'eux ne le savait, l'autre a également lu la note en bas de page de la page 14 !

la voix de la mère

J'ai fait un cauchemar la nuit dernière. Je cherchais un livre d'interprétation des rêves quand maman a appelé, Amir, maman, saute, prends trois pierres.

Je n'étais pas du tout d'humeur, j'ai dit : j'ai acheté du pain la veille.

Maman a dit : Eh bien, nous avons fait une fête hier et elle s'est terminée tôt. Nous n'avons plus de pain maintenant.

J'ai dit : Pourquoi Sangeg, qu'est-ce qui ne va pas avec Lavashi?

Maman a dit : Tu sais que papa n'aime pas le pain.

J'ai dit : La file d'attente est bondée. Si tu veux du pain, j'achèterai du lavash.

Maman a insisté pour acheter des pierres, j'ai refusé.

Maman s'est mise en colère et a dit : « Arrête d'être paresseuse, maman, maintenant tu es dans la file d'attente Vaisa pendant encore une demi-heure.

Cela m'a mis très en colère. Je viens de laver le jardin il y a une heure. Hier, je suis allé faire du shopping devant la maison. J'ai crié : je ne vais pas du tout devenir religieuse. Fais ce que tu veux!

Je pensais que ma sœur est chère et respectée à la maison sans travailler, mais moi, qui aide tant, je dois encore entendre ces mots et ces blagues. Je ne voulais pas aller à la boulangerie à tout prix.

Maintenant, maman doit faire du riz au lieu du pain. C'est mieux ainsi. Je me suis dit : quand maman reviendra vers moi, je serai complètement de mauvaise humeur et je ne l'accepterai pas du tout.

Mais une fois j'ai entendu la porte de la maison. Je ne m'attendais pas à ce que maman aille seule à la boulangerie. Il avait nettoyé dix kilos de légumes depuis le matin et avait fait beaucoup de ménage. Il n'avait absolument pas le droit d'aller à la boulangerie après tout ce travail.

Honnêtement, je l'ai regretté. J'aurais aimé ne pas me disputer du tout avec maman et partir seule. J'avais encore la possibilité d'aller lui prendre l'argent en chemin et d'aller moi-même à Nonvai, mais ma fierté ne l'acceptait pas.

J'ai essayé de faire semblant d'être insouciant et occupé par mon propre travail, mais mes nerfs étaient gravement endommagés.

Une heure s'est écoulée et il n'y a eu aucun mot de maman. J'ai appelé son téléphone portable et sa sonnerie a été entendue depuis la cuisine. Maman avait laissé son portable comme toujours. Le retard de maman me rendait encore plus nerveux.

Une demi-heure plus tard, ma sœur est arrivée de l'école et m'a dit : « Il y a eu un accident sur mon chemin. Les gens ont dit qu'une femme avait été heurtée par une voiture. La rue était très fréquentée. Je pense que la dame avait fini.

J'ai dit : tu n'as pas compris qui c'était?

Il a dit : Je n'ai pas avancé du tout.

J'étais très inquiet. Je me suis souvenu de mon rêve de la nuit dernière. Jusqu'où sont allées mes pensées ? J'ai rapidement enfilé mes vêtements et j'ai commencé à chercher ma mère.

Je suis allé dans une boulangerie en pierre près de la maison, mais maman n'était pas là. Je connaissais une autre boulangerie en pierre, mais c'était à une heure d'ici et il était peu probable que ma mère y soit allée. Quoi qu'il en soit, j'y suis allé. Quand je suis arrivé, la boulangerie était fermée. Je viens de me rappeler que cette boulangerie est fermée devant les tours.

Je ne voulais pas accepter que l'accident dont ma sœur parlait était lié à maman. Mais comme s'il n'y avait pas le choix.

Je suis rentré chez moi pour demander plus précisément à ma sœur où s'était produit l'accident.

Je n'étais plus dans ton cœur. Je pensais à la gentillesse et aux sacrifices de ma mère avec beaucoup de tristesse et d'inquiétude en chemin, et je brûlais de regret de ne pas avoir écouté ses paroles. Je me suis promis mille fois de ne pas répéter cette erreur et de toujours écouter ma mère.

Quand je suis rentré à la maison, j'ai mis le doigt sur la sonnette et j'ai sonné avec toute mon anxiété.

J'attendais que ma sœur m'ouvre la porte, mais j'entendis la voix de ma mère qui criait : « Tu ne sais pas bien sonner ? Je viens de réaliser à quel point la voix de ma mère est belle...

J'ai pris une profonde inspiration et j'ai dit merci à Dieu et je me suis dit de ne pas oublier les promesses que tu t'étais faites.

marbres

Avoir un petit garçon et une petite fille qui jouent ensemble.

Le petit garçon avait une série de billes et la petite fille avait des bonbons avec elle.

Le petit garçon dit à la petite fille : je te donnerai toutes mes billes ; Donne-moi toutes tes friandises.

La petite fille accepta. Le petit garçon garda secrètement pour lui le plus gros et le plus beau marbre et donna le reste à la petite fille. Mais la petite fille donna toutes ses friandises au garçon comme elle l'avait promis. Cette nuit-là, la petite fille dormit paisiblement et s'endormit. Mais le petit garçon ne parvenait pas à dormir ; Parce qu'il pensait que, tout comme il cachait secrètement ses plus belles billes, peut-être que la petite fille cachait aussi un morceau de ses bonbons et ne lui donnait pas tous les bonbons.

trois vieillards

Une femme est sortie de la maison et a vu devant la porte trois vieillards avec de beaux visages.

Il leur dit : Je ne vous connais pas, mais je pense que vous avez faim, entrez s'il vous plaît et je vous donnerai à manger.

Ils ont demandé : Votre mari est-il à la maison?

La femme a répondu : Non, il est sorti de la maison pour chercher du travail.

Ils ont dit : Nous ne pouvons donc pas entrer, nous attendrons.

Le soir, lorsque le mari rentrait à la maison, la femme lui racontait l'histoire.

Son mari lui dit : Va leur dire que mon mari est venu, s'il te plaît, entre.

La femme sortit et les invita chez elle.

Ils dirent : Nous n'entrerons pas ensemble dans la maison.

La femme demanda avec surprise : Pourquoi?

L'un des vieillards montra l'autre et dit : Son nom est Sarwat.

Et il désigna un autre vieil homme et dit : Son nom est succès. Et je m'appelle amour, maintenant choisis lequel d'entre nous entrera dans ta maison?

La femme est retournée auprès de son mari et lui a raconté l'histoire.

Le mari dit : Comme c'est gentil, invitons la richesse pour que notre maison soit pleine de richesse!

Mais sa femme n'était pas d'accord et dit : Pourquoi ne pas inviter le succès?

L'enfant de la maison, qui entendit leurs paroles, suggéra : Invitons l'amour pour que la maison soit remplie d'amour et d'affection.

Les hommes et les femmes étaient d'accord. La femme sortit et dit : Lequel d'entre vous est l'amour ? Il est notre invité.

L'amour s'est élevé, la richesse et le succès ont surgi et l'ont suivi.

La femme demanda avec surprise : Pourquoi reviens-tu encore?

Les vieillards dirent ensemble : Si vous invitiez la richesse ou le succès, les autres ne viendraient pas, mais là où il y a de l'amour, il y a de la richesse et du succès.

Automne

L'histoire raconte l'histoire d'un alpiniste qui voulait gravir les plus hautes montagnes. Après des années de préparation, il commence son aventure. Mais comme il ne voulait que l'honneur de son travail, il décida de gravir la montagne seul.

La nuit couvrait les hauteurs de la montagne et l'homme ne pouvait rien voir. Tout était noir, aucune vision. Le nuage recouvrait la lune et les étoiles.

Alors qu'il gravissait la montagne, son pied glissa. Il a été éjecté de la montagne en tombant rapidement. En tombant, il ne pouvait voir que des points noirs devant ses yeux et la terrible sensation d'être aspiré par la force de gravité.

Il tombait sans arrêt, dans ces moments il se souvenait de tous les bons et mauvais événements de sa vie.

Maintenant, il pensait à quel point la mort lui était proche.

Soudain, il sentit la corde se resserrer autour de sa taille et il se retrouva suspendu entre ciel et terre. A ce moment de silence, il n'a eu d'autre choix que de crier : Dieu, aide-moi!

Soudain, une voix retentissante se fit entendre venant du ciel : Que veux-tu?

Oh mon Dieu, sauve-moi!

-Tu crois vraiment que je peux te sauver?

-Bien sûr que je crois.

-Si tu y crois, brise la corde nouée autour de ta taille.

Un moment de silence... et l'homme décide de tenir la corde de toutes ses forces.

Les sauveteurs affirment avoir trouvé un grimpeur gelé mort le lendemain. Son corps était suspendu à la corde et il tenait fermement la corde avec ses mains alors qu'il n'était qu'à un mètre du sol.

Capital croissant

Une belle jeune fille a écrit une lettre adressée au patron de la société américaine J.P. Morgan:

Je veux être honnête dans ce que je dis ici. J'ai 24 ans. Je suis jeune et très belle, en forme, bien bâtie, parlant bien, instruite et parlant couramment plusieurs langues du monde. Je souhaite épouser un homme ayant un revenu annuel de 500 000 $ ou plus.

Vous pensez peut-être que mes attentes sont élevées, mais même un revenu annuel d'un million de dollars à New York appartient à la classe moyenne, sans parler de 500 000 dollars. Mon désir n'est pas tellement. Existe-t-il un homme avec un revenu annuel de 500 000 dollars ? Es-tu toi-même marié ? Ma question est la suivante : que dois-je faire pour épouser des gens riches comme vous?

J'ai quelques questions simples:

Où est le repaire des jeunes célibataires et riches?

Quelle tranche d'âge d'hommes travaillera pour moi?

Quels sont vos critères pour choisir une femme?

Signature, belle dame

Et la réponse du gérant de la société Morgan:

J'ai lu votre lettre avec beaucoup d'enthousiasme. Gardez à l'esprit que de nombreuses filles se posent les mêmes questions que vous. Laissez-moi analyser votre situation d'investisseur professionnel:

Mon revenu annuel est supérieur à 500 000 $, ce qui correspond à votre condition, mais Dieu ne plaise à quiconque pense que je perds mon temps à vous répondre maintenant.

Du point de vue d'un homme d'affaires, se marier avec vous est une erreur, la raison est très simple:

Ce que vous avez en tête, c'est un échange équitable de « beauté » contre « de l'argent ». Mais voici le problème : votre beauté s'estompe progressivement après dix ans, mais il est peu probable que mon argent soit gaspillé. En fait, mes revenus augmenteront d'année en année, mais pas votre beauté ; Et les rides et le vieillissement prématuré des femmes remplaceront cette beauté et aucune trace de cette jeunesse et de cette beauté ne subsistera.

En termes d'économie, je suis un « capital en croissance » mais vous êtes un « capital en déclin.«

Dans le langage de Wall Street, chaque entreprise a une « position ». Le mariage avec vous aura également une telle situation. Si la valeur de l'entreprise diminue, il est sage de ne pas s'en occuper et de la céder à quelqu'un d'autre à la première occasion, et c'est le cas de votre mariage.

Ainsi, toute personne ayant un revenu annuel de 500 000 dollars n'ignore pas qu'elle peut vous épouser, c'est pourquoi nous sortons et utilisons uniquement des personnes comme vous, mais jamais de mariage.

Mais si, en plus de la jeunesse et de la beauté, vous avez un produit qui croît comme mon capital, ou du moins le bénéfice ne m'en est pas coupé ; Des biens de valeur tels que « l'humanité, la chasteté, l'intelligence, l'éthique, l'engagement, l'honnêteté, la loyauté, le soutien, la sympathie, l'amour, etc. », alors cette transaction sera probablement très rentable pour moi ; Parce que je n'ai peut-être même pas d'actifs précieux avec votre profil et je dépense beaucoup d'argent pour les avoir.

Parce qu'après un certain temps de mariage, plus que la beauté, le corps et la silhouette, les choses que j'ai mentionnées sont nécessaires à une vie commune et j'en aurai grandement besoin.

Dans tous les cas, je vous suggère de vous abstenir d'épouser des gens riches. Au lieu de cela, vous pouvez devenir vous-même une personne riche avec un peu de réflexion et d'efforts et avec un revenu annuel de 500 000 dollars. De cette façon, vous aurez plus de chances de trouver un riche idiot.

J'espère que cette réponse vous aidera.

Signature du patron de JP Morgan

conducteur aimant

Le matin, j'ai un itinéraire fixe et si je ne suis pas pressé, j'attends à la gare l'arrivée de mon taxi préféré. En fait, j'aime bien le chauffeur de ce taxi.

C'est un vieux et grand conducteur avec des mains fortes et brûlées par le soleil et des yeux noirs, qui laisse la fenêtre de la voiture ouverte été comme hiver, et même si je roule dans sa voiture depuis quatre ans, je n'entends que trois ou quatre bruits forts. Je l'ai entendu. Sa voiture n'a ni enregistreur, ni radio, et peut-être que ce silence rend sa présence si agréable.

Nous suivons un itinéraire fixe chaque jour, seulement le dernier mercredi de chaque mois, le chauffeur modifie notre itinéraire habituel. Un des derniers mercredis du mois, je lui ai dit : Nous nous éloignons de ce côté-ci.

Il a dit : je sais.

Plus aucun de nous ne disait un mot et il suivait chaque jour l'itinéraire habituel et choisissait un itinéraire supplémentaire les derniers mercredis du mois.

Le dernier mercredi du mois dernier, alors qu'il s'éloignait de la route, il a freiné dans une ruelle, a regardé ici et là, puis m'a dit : "Excusez-moi, je reviens maintenant".

Il est sorti de la voiture. Encore une fois, il a regardé un peu ici et là, a parcouru la moitié d'une ruelle et est revenu, puis il est monté et nous sommes partis.

J'ai regardé ses mains, il tenait le volant si fort que j'avais peur qu'il se détache, mais ses mains tremblaient, j'ai demandé : « Ça va?

Il a dit non.

Je l'ai regardé puis il m'a expliqué.

Il tombe amoureux d'une jeune fille il y a quarante-six ans. Le dernier mercredi du mois, la jeune fille lui annonce que sa famille ne lui permet pas de l'épouser. Le chauffeur demande à la jeune fille de le voir à distance au moins une fois par mois. La jeune fille promet de venir dans cette ruelle le dernier mercredi de chaque mois pour le reste de sa vie. Une jeune fille de quarante-six ans descend dans la rue le dernier mercredi de chaque mois, le chauffeur l'a vue de loin et est parti.

J'ai demandé au chauffeur : la jeune fille s'est-elle mariée ?

Il a dit : Je ne sais pas.

J'ai demandé : avez-vous l'adresse?

Il a dit non.

Il ne lui avait pas adressé un seul mot depuis quarante-six ans. Il n'avait vu la jeune fille que le dernier mercredi de chaque mois et était parti.

Le chauffeur dit : Depuis quarante-six ans, il vient le dernier mercredi de chaque mois, mais il n'est pas venu depuis deux mois.

J'ai dit au chauffeur : il y a peut-être un problème.

Le chauffeur a dit : Dieu nous en préserve.

Puis il a dit : « Si je ne meurs pas dans un mois, je mourrai.

Le diable et l'adorateur

Un homme s'est réveillé tôt le matin pour prier dans la mosquée de la Maison de Dieu. Il a mis ses vêtements et est rentré chez lui.

Sur le chemin de la mosquée, l'homme est tombé et ses vêtements se sont salis. Il se leva, se nettoya et rentra chez lui.

L'homme a changé ses vêtements et est retourné à la maison de Dieu. Sur le chemin de la mosquée, il est tombé à nouveau au même endroit. Il se releva, se nettoya et rentra chez lui.

Il changea encore une fois ses vêtements et se rendit à la maison de Dieu.

Sur le chemin de la mosquée, il a rencontré un homme avec une lampe à la main et lui a demandé son nom.

L'homme répondit : Je t'ai vu tomber deux fois sur le chemin de la mosquée. C'est pourquoi j'ai apporté une lampe pour éclairer votre chemin.

L'homme en prière le remercie d'abord abondamment et tous deux continuent leur chemin vers la mosquée. Dès qu'ils atteignirent la mosquée, le premier homme demanda à l'homme à la lampe d'entrer dans la mosquée et de prier avec lui.

Le deuxième homme refuse d'entrer dans la mosquée.

Le premier homme répète sa demande encore deux fois et entend à nouveau la même réponse.

Le premier homme demande pourquoi il ne veut pas entrer dans la mosquée et prier.

Le deuxième homme répondit : Je suis le diable.

Le premier homme tomba en entendant cette réponse.

Satan explique plus loin:

Je t'ai vu sur le chemin de la mosquée et c'est moi qui t'ai fait tomber.

Lorsque vous êtes rentré chez vous, que vous vous êtes lavé et que vous êtes retourné à la mosquée en chemin, Dieu a pardonné tous vos péchés. Je t'ai fait tomber une deuxième fois et même cela ne t'a pas incité à rester à la maison, mais tu es retourné à la mosquée.

Grâce à cela, Dieu a pardonné tous les péchés des membres de votre famille. J'avais peur que si je te fais tomber une fois de plus, Dieu pardonnera les péchés des habitants de ton village. Par conséquent, j’ai assuré votre arrivée en toute sécurité à la mosquée.

Bonne chance ou malchance

Le vieil homme du village est né avec un fils et un cheval. Un jour, le cheval du vieil homme s'est enfui, tous les voisins sont venus chez le vieil homme pour le réconforter et lui ont dit : "Oh, tu n'as pas eu de chance que ton cheval se soit enfui".

Le vieux villageois répondit : Comment savez-vous si c'est ma chance ou ma malchance?

Les voisins ont répondu avec surprise : Eh bien, bien sûr, c'est à cause de la malchance.

Pas même une semaine ne s'était écoulée depuis l'incident où le vieux cheval était rentré chez lui avec vingt chevaux sauvages.

Cette fois, les voisins sont venus voir le vieil homme pour le féliciter : tu as eu beaucoup de chance que ton cheval soit rentré chez toi avec vingt autres chevaux.

Le vieil homme répondit encore : Comment sais-tu si cela est dû à ma chance ou à ma malchance?

Le lendemain, le fils du vieil homme tomba parmi les chevaux sauvages et se cassa la jambe.

Les voisins sont revenus : quelle malchance!

Le vieux fermier dit : Comment savez-vous si cela est dû à ma chance ou à ma malchance?

Certains voisins dirent avec colère : Eh bien, il est évident que c'est à cause de votre malchance, vieux Koden.

Quelques jours plus tard, les forces gouvernementales sont arrivées pour recruter et ont emmené avec elles tous les jeunes hommes en bonne santé pour combattre dans un pays lointain. Le fils du vieux fermier fut dispensé de mission à cause de sa jambe cassée. Les voisins sont encore une fois allés chez le vieil homme pour le féliciter : vous avez eu tellement de chance que votre fils en soit exempté. Le vieux fermier dit : Comment sais-tu que... ?

Hameçons de pêche

Un homme pauvre et affamé passait par là et se disait : « Mon Dieu, pourquoi ai-je si faim ? Je suis ton serviteur et aujourd'hui je te demande de la nourriture. Tu m'as donné des dents, tu devrais aussi me donner du pain.

Alors qu'il réfléchissait, il atteignit une rivière. Il regardait les vagues de la rivière et était plongé dans ses pensées malades et douloureuses.

Soudain, il fut frappé par la foudre à distance. Il était très heureux. Il pensait que ce devait être une pièce d'or que Dieu lui avait envoyée pour le satisfaire. Il courut vers la lumière pour prendre la pièce et acheter de la nourriture avec. Mais plus il s'approchait, plus il était déçu.

Lorsqu'il a atteint cet objet métallique, il a vu qu'il s'agissait d'un hameçon. L'homme l'a pris. Il l'a regardé mais n'a pas compris ce que c'était.

Il jeta le crochet dans un coin et partit, plongé dans des pensées pleines de désespoir et d'échec. Il ne savait pas que l'hameçon était placé là pour qu'il puisse attraper du poisson et se nourrir. Dieu lui avait répondu, mais il n'avait pas assez d'intelligence et de capacité pour entendre cette réponse.

Palais du Roi

Dans les vieilles légendes orientales, on dit que l'un des grands rois a décidé de rendre son nom et son royaume immortels, de construire un magnifique palais unique au monde, et sa salle principale, malgré sa grandeur et sa grandeur, n'a pas un pilier.

Mais après des années de travail, d'efforts et de calculs, personne n'a pu construire le toit du hall principal et de nombreux architectes ont affirmé avoir perdu la vie à cause de ces travaux.

Jusqu'à ce que l'échec du roi le rende extrêmement déprimé et en colère, et finalement il s'avère qu'il existe un architecte légendaire nommé Sanmar qui peut faire ce travail...

Finalement, ils l'ont trouvé et lui ont confié le travail, et il a réalisé un nouveau projet et a élevé le légendaire palais de Khornaq jusqu'au plafond et a suscité l'admiration et l'admiration de tous. Mais juste au moment où les murs atteignaient le toit, Sanmar disparut et les travaux de finition du palais de Khornaq restèrent inachevés...

Ils l'ont recherché pendant longtemps mais n'ont trouvé aucune trace de lui, et le roi en colère et sans succès a ordonné son arrestation, son procès et sa mort. Après sept ans, Sanmar a été retrouvé.

Celui qui venait à pied fut amené devant le roi menotté et enchaîné, et le roi ordonna de le tuer, mais Sanmar demanda à écouter ses paroles avant de mourir et expliqua que c'était la raison de l'échec des architectes précédents. de la salle sans colonnes, le sol s'affaisse en raison de la pression des murs et des effets naturels, et si le toit est construit immédiatement après l'élévation du mur ; En raison de l'affaissement du sol, le toit se fissurera et s'effondrera plus tard.

Le palais ne sera pas éternel...

Il a donc fallu sept ans pour que le sol et les murs aient leur affaissement et leur tassement définitifs, afin qu'il n'y ait aucun problème lors de la construction du toit, qui doit être réalisée maintenant. Je l'aurais fait et je l'aurais fait. sont morts comme d'autres architectes ratés...

Le roi et les ministres le félicitèrent pour son intelligence et lui confièrent la poursuite des travaux avec une plus grande récompense. En un an, Sanmar acheva le palais de Khornaq et était prêt à l'ouvrir.

Une grande cérémonie était prévue pour l'ouverture du palais, et les grandes personnalités politiques de cette époque et des pays voisins ont également été invitées à la célébration, et Sanmar a rempli avec enthousiasme les salles, les salles, les chambres, les couloirs, les étages, les escaliers, les porches, et de belles vues et secrets. Amiz montrait le palais au roi et à son entourage et a finalement emmené le roi dans une petite pièce secrète et a partagé un secret avec lui et a montré un mur et a montré un morceau de brique et a dit : L'ensemble du bâtiment de ce palais appartient à celui-ci. La brique repose sur le fait que si vous la retirez de sa place, le palais tout entier s'effondrera progressivement et lentement en une heure, et j'ai fait cela pour que si un jour votre pays tombe entre les mains des étrangers, ils ne pourront pas prendre possession de ce palais légendaire.

Le roi était très heureux et admirait Sanmar pour son art, son intelligence et son tact et lui promit une grande récompense et dit : Ne partagez ce secret avec personne...

Jusqu'au jour promis, il fut décidé de récompenser l'architecte Sanmar.

Il a été emmené au plus haut balcon du palais avec toutes les cérémonies et devant les spectateurs il a ordonné de le jeter à mort!

Dans les derniers instants de sa vie, Sanmar a regardé le roi dans les yeux et lui a demandé pourquoi!?

Et le roi dit : Pour que personne d'autre que moi ne connaisse le secret de l'immortalité et de la destruction du palais, et avec cette phrase il l'a renversé et a gardé le secret à jamais caché à tout le monde... !

Valeur

Orateur célèbre dans une assemblée où étaient présentes deux cents personnes. Il a sorti un billet de cent dollars de sa poche et a demandé qui aimerait avoir ce billet?

Les mains de toutes les personnes présentes se sont levées.

L'orateur a très bien dit. Je vais remettre ce projet de loi à l'un d'entre vous, mais avant cela, je veux faire quelque chose. Et puis il froissa le billet devant les regards surpris des personnes présentes et demanda à nouveau : Qui veut encore avoir ce billet ? Et les mains des participants se sont à nouveau levées.

Cette fois, l’homme a jeté le billet froissé par terre, lui a donné plusieurs coups de pied et l’a traîné par terre avec sa chaussure. Les mains de tout le monde se levèrent à nouveau.

L'orateur a déclaré : "Mes amis, avec ces calamités que j'ai apportées au billet de banque, la valeur du billet n'a pas diminué et vous le voulez tous".

Et il a continué, c'est pareil dans la vraie vie. Dans de nombreux cas, nous nous plions, nous froissons, nous salissons avec les décisions que nous prenons ou avec les problèmes auxquels nous sommes confrontés, et nous sentons que nous ne sommes plus dignes de respect. le cas et peu importe ce qui nous est arrivé, nous ne perdons jamais notre valeur et nous avons toujours de la valeur pour les personnes qui nous aiment.

référence:

-Sur le chemin de l'amour de Naiem ahmadinejadfarsangi

-Cet amour perdu de Naiem ahmadinejadfarsangi

-Nouvelles de Naiem ahmadinejadfarsangi

- Hasan Shahi Kajaei de Naiem ahmadinejadfarsangi

Printed by Books on Demand GmbH, Norderstedt / Germany